Politik kinderleicht verstehen

Wie Sie die deutsche Demokratie auf Bundes- und Länderebene leicht verstehen, die Zusammenhänge durchschauen und immer eine fundierte Wahlentscheidung treffen

Thomas Kampen

INHALT

Was erwartet Sie in diesem Buch?

In diesem Buch werden die Grundlagen des politischen Systems der Bundesrepublik Deutschland erläutert und erklärt, die das grundlegende Verständnis für die politischen Abläufe, Entscheidungen und Akteure vereinfachen. Darüber hinaus wird Bezug auf die jüngeren historischen Ereignisse des Landes genommen, um gewisse politische Strukturen und Prozesse im richtigen Kontext einordnen zu können. Begriffe, die alltäglich verwendet und scheinbar als selbstverständlich erachtet werden, werden in diesem Werk differenziert erklärt. Unter anderem wird auch dem Leser die Bedeutung jener Akteure erklärt, die nicht offensichtlich zum politischen System gezählt werden, aber eine elementare Bedeutung haben.

Mit Sicherheit wissen Sie, dass die Bundesrepublik Deutschland eine Demokratie ist, in der die politischen Vertreter demokratisch vom Volk gewählt werden. Bestimmt wissen Sie auch, wer die Bundeskanzlerin ist und welcher Partei sie angehört. Doch was versteht man unter einer Demokratie? Was ist eine Partei und wie funktioniert sie? Und wird der Bundeskanzler oder die Bundeskanzlerin wirklich vom Volk gewählt? Diese und viele andere wichtige sowie grundlegende Fragen werden in diesem Buch einfach erklärt, um das komplizierte politische System der Bundesrepublik Deutschland verstehen zu können.

Man könnte sich nun fragen, warum es so wichtig ist, diese Zusammenhänge zu verstehen. Politische Vertreter treffen wichtige Entscheidungen, die das Leben eines jeden Menschen entscheidend beeinflussen und prägen. Diese Entscheidungen betreffen grundlegende und alltägliche Dinge, wie die Schule, die Ausbildung oder das Studium, das Arbeitsleben oder den alltäglichen Konsum. Nicht nur aus diesem Grund ist es wichtig zu wissen, wen man wählt, und entscheidend, dass man wählt. Bei über 80 Millionen

Einwohnern in Deutschland fragt man sich natürlich, ob eine Stimme mehr oder weniger wirklich einen Unterschied macht. Doch ist jeder dieser über 80 Millionen Menschen überhaupt wahlberechtigt? Und würde das politische System auch funktionieren, wenn jeder so denken würde?

THOMAS KAMPEN

Die Wiedervereinigung

Um ein Verständnis für die aktuellen politischen Prozesse der Bundesrepublik Deutschland zu bekommen, hilft es, einen Blick auf die jüngsten einschneidenden historischen Ereignisse des Landes zu werfen, denn die heutige wiedervereinigte BRD, wie wir sie alle kennen, besteht erst seit ca. 30 Jahren. Damals war sie noch in Ost- und Westdeutschland gespalten. Die Spaltung Deutschlands resultierte aus der Niederlage Deutschlands im Zweiten Weltkrieg 1945, nach der die alliierten Siegermächte

USA und die Sowjetunion das Land besetzten und es aufteilten.

Der Osten des Landes wurde von sowjetischen Streitkräften besetzt, wohingegen der westliche Teil von den Truppen der USA besetzt wurde. Als im Mai 1949 die Bundesrepublik Deutschland von den westlichen Alliierten gegründet wurde, sah die Sowjetunion Handlungsbedarf und wollte in ihrer Besatzungszone ebenfalls einen Staat gründen, welcher den Ansprüchen des kommunistischen Regimes der Sowjetunion genügte.

Also installierten die sowjetischen Alliierten am 7. Oktober 1949 eine deutsche Übergangsregierung, aus der die Deutsche Demokratische Republik (DDR) hervorging. Die beiden Staaten wiesen folglich ein unterschiedliches Wirtschaftssystem auf. Während sich die BRD durch die wirtschaftliche und technologische Hilfe der USA zu einem kapitalistischen und liberalen Wirtschaftssystem entwickelte, installierte die Sozialistische Einheitspartei Deutschlands (SED) eine sozialistische Planwirtschaft in der DDR. Also wurden die wirtschaftlichen Aktivitäten der DDR von einer zentralen Stelle aus sowohl geplant als auch gelenkt und verwaltet.

Darüber hinaus konnten die Grundvoraussetzungen beider Staaten nicht unterschiedlicher sein, denn die Besatzungszone und weite Teile der Sowjetunion haben durch den Krieg erheblichen Schaden genommen. Aus diesem Grund hatte der Aufbau der bestehenden sowjetischen Gebiete Vorrang. Am 13. August 1961 begann der Bau der Berliner Mauer, die Westberlin und Ostberlin teilte und somit das Land spaltete.

Mit der Errichtung der Mauer wurden Familien und Angehörige für Jahre getrennt und bei den Fluchtversuchen aus der DDR ließen zahlreiche Menschen ihr Leben. Während anfänglich erste Aufstände und Proteste in der DDR noch brutal niedergeschlagen wurden, übernahm 1985 Michail Gorbatschow das Amt des sowjetischen Staatspräsidenten, der nicht mehr bereit war, diese Proteste gewaltsam niederzuschlagen. Unter den anhaltenden Protesten sowie dem Druck der USA unter dem damaligen Präsidenten Ronald Reagan sowie dem Bundeskanzler Helmut Kohl gab der sowjetische Staatspräsident nach und öffnete die Grenzen.

Gorbatschow handelte nach dem Konzept Glasnost (Öffnung) und Perestroika (Umstrukturierung). Die einzelnen Staaten der Sowjetunion erlangten nun endlich die Unabhängigkeit, nach der sie gestrebt hatten. Auch die DDR stand nun nicht mehr unter dem Einfluss des sowjetischen Regimes und so vollzog sich nach dem Fall der Berliner Mauer am 9. November 1989 die Wiedervereinigung Deutschlands unter dem Namen Bundesrepublik Deutschland. Die Geschichte der vereinigten Bundesrepublik Deutschland reicht daher auch noch nicht besonders weit zurück.

Nach der Wiedervereinigung etablierte sich nun also auch im ehemaligen Gebiet der DDR das politische und wirtschaftliche System der BRD, was nicht alle Menschen als vorteilhaft erachteten. Ein großer Teil der im Osten lebenden Menschen sah in dem Umzug in den Westen des Landes eine Perspektive, sich selbst zu verwirklichen. Für eine erhebliche Mehrheit stellte dieser Systemwechsel jedoch eine große Herausforderung dar, denn mit diesen neuen Freiheiten gingen auch Pflichten einher. Ein prägnantes Beispiel ist der Umgang mit der Bürokratie. Behördengänge, die nun auch für die im Osten lebenden Menschen anfielen, waren in dem politischen System nicht an der Tagesordnung, jedenfalls nicht in diesem Ausmaß.

Trotz der Wiedervereinigung weisen der Osten und der Westen Deutschlands noch immer erhebliche wirtschaftliche und strukturelle Unterschiede auf.

Auch, wenn die wirtschaftlichen Unterschiede zwischen Ost und West sich verringert haben und der Osten ein Wirtschaftswachstum verzeichnen kann, sind die Unterschiede noch immer eklatant. So weisen die ehemaligen Gebiete der DDR auch eine höhere Arbeitslosenquote und demografische Unterschiede durch den Umzug vieler Menschen und Firmen in den Westen auf.

Demokratie

Der Begriff der Demokratie scheint allgegenwärtig und seine Bedeutung für eine große Mehrheit der Menschen in Deutschland selbstverständlich zu sein. Das Grundverständnis der meisten Menschen reicht, um zu wissen, dass alle Macht vom Volke ausgeht und dass die Mehrheit über den politischen Kurs bzw. die politischen Vertreter eines Landes bestimmt. Dies spiegelt sich auch in dem Begriff selbst wider. So leitet sich das Wort aus dem altgriechischen ab, aus den folgenden Begriffen: „Demos" (Das Volk) und „Kratos" (Herrschaft).

Im antiken Griechenland zählten jedoch nicht alle Menschen zum Staatsvolk und waren aus diesem

Grund auch nicht berechtigt zu wählen. Dieses Privileg genossen in erster Linie freie Männer, also weder Frauen noch Sklaven. Würden diese Bedingungen gegenwärtig hier in Deutschland gelten, würde man wohl kaum von einer Demokratie sprechen.

Jedoch konnte man diesen Gedanken unter den damaligen Umständen als fortschrittlich bezeichnen und er stellte das Fundament für die heutigen Demokratien. Darüber hinaus verdeutlicht dieses Verständnis der Demokratie auch, wie unterschiedlich Demokratie gedacht werden kann und welches Verständnis mit diesem Begriff verknüpft ist. Eine Demokratie zeichnet sich insbesondere durch freie, geheime, direkte und gleiche Wahlen aus. Im Kapitel Wahlen werden diese Kriterien noch einmal ausführlich und detailliert beschrieben und erklärt.

Grundsätzlich werden Demokratien in direkte und repräsentative Demokratien unterschieden, wobei die Bundesrepublik Deutschland letzterer Kategorie angehört. In einer direkten oder *unmittelbaren* Demokratie stimmt das Staatsvolk direkt über wichtige Sachverhalte ab, welche die Politik eines Landes einschneidend verändern können. Diese unmittelbaren Entscheide werden auch als Volksentscheid oder Referendum bezeichnet. Nicht wenige Menschen sind der Auffassung, dass diese die wahre Form der Demokratie darstellt, da die Entscheidungen des Volkes nicht durch die politischen Repräsentanten beeinflusst werden. Eine noch direktere Form der direkten Demokratie stellt die Basisdemokratie dar, welche im Idealfall ohne Repräsentanten auskommt. Agiert sie mit Repräsentanten, besteht die Möglichkeit, sie abzuwählen.

Ein bekanntes Beispiel für Umsetzung direktdemokratischer Prozesse ist die Schweiz. In der Schweiz wurden bereits seit der Gründung des Staates zahlreiche Volksentscheide eingeleitet, z. B. die Abstimmung zur Einführung des Vollgeldes, welche mit ca. 75 Prozent mit Nein beantwortet wurde, und der Abstimmung zu Fahrrad-, Fuß- und Wanderwegen, welche mit Ja beantwortet wurde.

Einer der weitreichendsten und bedeutsamsten Volksentscheide der jüngeren europäischen Geschichte fand jedoch nicht in der Schweiz statt, sondern in Großbritannien. In diesem Volksentscheid stimmten England, Wales, Nordirland und Schottland über den Austritt aus der Europäischen Union (EU) ab, auch bekannt als Brexit. Bei dieser Abstimmung stimmten 51,89 Prozent für einen Austritt aus der EU. Die sehr weitreichenden Konsequenzen dieser Entscheidung werden im Kapitel Europawahl ausführlich erklärt. Die Bundesrepublik Deutschland hält sich mit der Initiierung solcher Volksentscheide bisweilen zurück und weist vornehmlich Strukturen einer repräsentativen Demokratie auf. In repräsentativen Demokratien werden Sachfragen nicht unmittelbar durch das Volk entschieden, sondern durch die gewählten politischen Vertreter im Parlament – die Abgeordneten. Die politischen Vertreter werden zwar durch das Volk gewählt, jedoch werden die Entscheidungen im Parlament getroffen.

Diese Formen der Demokratien werden unterschiedlich aufgefasst und Meinungen spalten sich, denn beide Modelle verfügen über Vor- und Nachteile. So argumentieren die Befürworter einer direkten Demokratie, dass dieses Modell dem wahren Begriff der Demokratie und der Gerechtigkeit am nächsten kommt, da der direkte Wille des Volkes umgesetzt wird und keine Umwege erfährt.

Eines der Hauptargumente der Befürworter der repräsentativen Demokratie besteht in der Auffassung, dass das Volk die Möglichkeit hat, die politischen Vertreter demokratisch zu wählen und diese die Expertise (Fachwissen) besitzen, die besten und gerechtesten Entscheidungen für das Land zu treffen. Dieses Argument stützt sich auf den antiken Philosophen Sokrates, der in seiner Politeia erklärte, dass ausschließlich Philosophen dazu befähigt sind, gute und gerechte Entscheidungen für einen Staat zu treffen. Moderne Demokratien werden insbesondere durch die in die Teilung in die drei Gewalten Legislative, Exekutive und Judikative gekennzeichnet. Näher erläutert wird die Gewaltenteilung im Kapitel „Das Parlament".

Das Parlament

Die Bundesrepublik Deutschland wird in drei Gewalten unterteilt: Zum Ersten die rechtsprechende Gewalt, welche auch die Judikative genannt wird. Zu ihr zählen alle Gerichte in Deutschland, angefangen vom Amtsgericht bis zum obersten Gericht, dem Bundesverfassungsgericht. Zum Zweiten die Exekutive, welche auch als die vollziehende oder vollstreckende Gewalt bezeichnet wird. Zu dieser zählen beispielsweise die Bundesregierung, die Staatsanwaltschaft und die Polizei. Und zum Dritten die Legislative, welche auch als die gesetzgebende Gewalt bezeichnet wird. Ein zentrales Organ der Legislativen ist das Parlament; in Deutschland ist dies der

Deutsche Bundestag. Der Deutsche Bundestag hat seinen Sitz in der Bundeshauptstadt Berlin. Personen, die im Parlament sitzen, werden als Abgeordnete bezeichnet und werden überwiegend direkt vom Staatsvolk gewählt. Zum Staatsvolk gehören alle Personen, die die deutsche Staatsbürgerschaft besitzen.

Um bei einer Bundestagswahl wählen zu dürfen, muss man das 18. Lebensjahr erreicht haben. Zurzeit finden 709 Abgeordnete im Bundestag Platz, wovon 598 direkt durch das Volk gewählt werden. Die übrigen 111 Vertreter besitzen Überhangmandate oder Ausgleichsmandate. Diese und ihre Bedeutung werden im weiteren Verlauf des Buches noch einmal detailliert und ausführlich erklärt. Alle vier Jahre wird der Bundestag neu gewählt und somit können sich neue Konstellationen im Bundestag bilden.

Der Bundestag hat die Kompetenz, Gesetze zu beschließen und auch im Grundgesetz, der Verfassung, zu ändern. Allerdings bedarf es bei der Verabschiedung von Gesetzen durch den Bundestag der Zustimmung des Bundesrates. Dieser setzt sich aus den Vertretern der Landesregierungen der 16 Bundesländer zusammen. Der Bundestagspräsident ist der Vorsitzende des Bundestages und hat dort das höchste Amt inne. Gewählt wird er nicht direkt durch das Volk, sondern durch die Abgeordneten im Parlament. Er leitet die Sitzungen im Bundestag, die Plenarsitzungen, und sitzt den Abgeordneten im Parlament zentral gegenüber.

Alle Vorschläge aus dem Parlament werden an den Bundestagspräsidenten adressiert. Zu diesen zählen Gesetzesentwürfe der Bundesregierung oder des Bundesrates sowie Vorschläge und Anregungen der anderen Abgeordneten im Bundestag. Verstößt ein Abgeordneter gegen die Ordnung im Bundestag oder schweift dieser vom eigentlichen Thema der Plenarsitzung ab, kann er den Redner oder die Rednerin ermahnen, ihm oder ihr einen Ordnungsruf erteilen oder gar das Wort entziehen. Im äußersten Falle kann er Abgeordnete mit einer Geldstrafe belegen oder sie gar aus dem Saal verweisen. Außerdem obliegt ihm die Kontrolle und die Zuständigkeit über die Polizei beim Deutschen Bundestag, die dort für die Sicherheit zu sorgen hat.

Allgemeine Aufgaben des Bundestages bestehen in der Kontrolle des Einsatzes der Bundeswehr und der Planung des Bundeshaushaltes, also welche Gelder wohin fließen. Da sich nicht alle Abgeordneten mit jedem Thema beschäftigen können, bestimmt das Parlament Experten für bestimmte Themen, welche sich in Gruppen zusammenfinden und außerhalb des

Parlamentes beraten und ihre Entscheidungen im Parlament vortragen. Weitere wichtige Aufgaben des Parlamentes bestehen in der Genehmigung der Zusammenarbeit mit anderen Ländern, also der Aushandlung internationaler Verträge und die Kontrolle der Bundesregierung.

DIE BUNDESREGIERUNG

Auch die Mitglieder der Bundesregierung sitzen im Deutschen Bundestag und müssen ihre Entscheidungen und Beschlüsse dort erklären. Den Vorsitz der Regierung hat die Bundeskanzlerin und ihr unterstehen die 15 Bundesminister, die für verschiedene Aufgabenbereiche des Landes zuständig sind. Sie alle zusammen bilden die Bundesregierung. Zum Beispiel liegt die Zuständigkeit für Gesundheitsfragen beim Bundesministerium für Gesundheit und die Zuständigkeit für die Bundeswehr beim Bundesministerium der Verteidigung. Den Vorsitz dieser Ministerien, welche aus zahlreichen Mitarbeitern bestehen, hat der jeweilige Minister oder die jeweilige Ministerin inne.

Die Bundesregierung ist berechtigt, Gesetzesvorlagen in den Bundestag einzuführen, über welche im Kabinett und dem Bundestag diskutiert werden. Die

Bundeskanzlerin kann verschiedene Beschlüsse an die Bundesminister delegieren, also weiterleiten, und sie trägt die Hauptverantwortung für diese Beschlüsse, daher obliegt ihr die Entscheidung. Da alle vier Jahre ein neuer Bundestag gewählt wird, kann sich auch die Konstellation der Regierung ändern. So braucht die Regierung in Deutschland eine absolute Mehrheit, welche über 50 Prozent der Stimmen ausmachen muss. In den letzten Jahren und Jahrzehnten konnte keine Partei diese absolute Mehrheit erreichen, daher waren die Parteien gezwungen, mit anderen Parteien zusammenzuarbeiten, um eine absolute Mehrheit zu erreichen. Die Zusammenarbeit dieser Parteien wird Koalition genannt.

DIE OPPOSITION

Damit eine Partei in den Bundestag einziehen kann, muss sie fünf Prozent der Stimmen bei einer Bundestagswahl erreichen. Diese Hürde wird als die Fünfprozentklausel oder auch Fünfprozenthürde bezeichnet. Diejenigen Abgeordneten im Bundestag, die nicht einer der regierenden Parteien angehören, zählen zur Opposition. Die Opposition bildet eine Minderheit im Parlament und vertritt daher auch ihre Interessen.

Somit werden auch die Interessen derer, die keine der Regierungsparteien gewählt haben, im Parlament vertreten. Außerdem begutachtet die Opposition die Gesetzesvorlagen der Regierung kritisch und richtet während einer Bundestagssitzung viele Fragen an die Bundesregierung, die ihr Vorhaben und ihre Beschlüsse regelmäßig erklären muss. Dies sorgt für eine Transparenz, welche als ein Grundpfeiler der parlamentarischen Demokratie betrachtet wird. Darüber hinaus kann sie die Beschlüsse der Bundesregierung notfalls von einem Gericht z. B. dem Bundesverfassungsgericht überprüfen lassen. Durch ihr Mitwirken und ihre Arbeit im Bundestag erhoffen sich die Mitglieder der Opposition, die Wählerinnen und Wähler zu überzeugen, ihre Partei zu wählen und so möglichst viele Stimmen zu generieren, um bei der nächsten Bundestagswahl bei der Regierungsbildung mitwirken zu können.

DER BUNDESPRÄSIDENT

Über die Rolle des Bundespräsidenten herrscht überwiegend Uneinigkeit in Deutschland. In vielen Ländern gilt der Präsident als das Staatsoberhaupt und hat bei Entscheidungsfindung das letzte Wort. In Deutschland gestaltet sich die Rolle des Bundespräsidenten etwas komplizierter. So gilt er offiziell als das Staatsoberhaupt und ranghöchster Repräsentant des Staates, jedoch hält sich der Bundespräsident erfahrungsgemäß aus der Regierungsarbeit zurück. Aus diesem Grund bescheinigen einige Menschen dem Präsidenten nur eine repräsentative Funktion.

Dies ist aber eine falsche Annahme, denn er besitzt wichtige Befugnisse, welche die Gesetze und den Bundestag entscheidend beeinflussen können. So erlangt ein verabschiedetes Gesetz erst durch die Zustimmung des Bundespräsidenten seine Rechtskräftigkeit. Legt der Präsident gegen ein Gesetz ein Veto ein, also verweigert er seine Unterschrift, besitzt dieses Gesetz keine Gültigkeit. Durch die vom Bundespräsidenten erforderliche Zustimmung bei der Verabschiedung der Gesetze hat er die Befugnisse, über die Auflösung des Bundestages zu entscheiden, die beispielsweise mit der Vertrauensfrage der Bundesregierung einhergehen.

Im Falle einer Auflösung des Bundestages müssten der Bundestag und die Bundesregierung neu gewählt werden. Darüber hinaus schlägt der Bundespräsident einen Kandidaten zur Wahl des Bundeskanzlers vor und ernennt den Bundeskanzler. Ebenso, wie die vom Bundeskanzler vorgeschlagenen Minister. Der Bundespräsident wird durch die Bundesversammlung im

Parlament für fünf Jahre gewählt und kann höchstens einmal wiedergewählt werden. Somit beträgt seine maximale Amtszeit zehn Jahre. Er gilt in Deutschland als die neutrale Kraft und darf keine weitere Tätigkeit oder Gewerbe neben seinem Amt ausüben. Die Hauptaufgaben des Bundespräsidenten sind vermittelnd und integrativer Natur. Bei der letzten Bundeswahl, während der sich die verschiedenen Parteien nicht zu einer Regierung zusammenfinden wollten und konnten, vermittelte er zwischen den Parteien und erinnerte die betroffenen Akteure an die Pflicht, eine Lösung zu finden, um eine funktionierende Bundesregierung bilden zu können.

AUSSCHÜSSE

In Ausschüssen werden die Weichen für die Entscheidungen im Bundestag gestellt. So sind einige Menschen der Auffassung, dass in Ausschüssen bereits die Entscheidungen getroffen und durch das Parlament lediglich abgesegnet werden. Dies ist zwar keine Seltenheit, aber diese Auffassung spiegelt natürlich nicht die Tatsachen wider und Gesetzesvorlagen können durch die Abstimmungen im Bundestag abgelehnt werden. Die Ausschüsse des Bundestages beraten sich nicht im

Parlamentsgebäude, dem Reichstagsgebäude, sondern sie tagen im Paul-Löbe-Haus neben dem Reichstag.

Nicht alle Abgeordneten im Bundestag können sich mit allen Themen und Problemen beschäftigen. Daher bilden die Abgeordneten Ausschüsse, in denen sie sich über die Themen beraten, bei denen sie über das größte Fachwissen verfügen. Im Parlament wird entschieden, welche Ausschüsse sich bilden. In der Regel sind es ca. 20 verschiedene und ständige Ausschüsse, die regelmäßig zusammen tagen, um über die wichtigsten politischen Themen in diesem Land zu beraten. Sie arbeiten eine ganze Legislaturperiode, also vier Jahre, bis zur nächsten Bundestagswahl, zusammen. Einige Ausschüsse werden in Bezug zu den jeweiligen Bundesministerien gebildet.

Daher ändern sich die Zuständigkeiten und die Namen der Ausschüsse selten. Es kann jedoch auch vorkommen, dass sich Ausschüsse bilden, die Themen behandeln, die die Ministerien nicht behandeln, z. B. den Ausschuss für Sport oder Kultur. Des Weiteren besteht die Möglichkeit, dass sich Ausschüsse bilden, die nicht permanent sind und nur temporär über gewisse Themen entscheiden.

Darüber hinaus sind vier Ausschüsse unverzichtbar und müssen existent sein: der Ausschuss für

Verteidigung, der Ausschuss für Angelegenheiten der EU, der auswärtige Ausschuss und der Ausschuss für Petitionen.

Über die Größe der Ausschüsse entscheidet der Bundestag und die Fraktionen senden ihre Vertreter entsprechend den Mehrheiten im Parlament. Darüber hinaus bestimmen die Fraktionen eine Person, die ihre Interessen im Ausschuss vertritt. Diese Personen werden als Obleute bezeichnet. Außerdem wird in den Ausschüssen die Möglichkeit genutzt, andere Sachverständige und Experten einzuladen, die nicht im Bundestag sitzen.

Dadurch holen sie sich einen unabhängigen Rat von Experten, die nicht die Interessen einer Fraktion vertreten und womöglich eine noch höhere Expertise vorweisen können als die Abgeordneten. Letztlich wird im Ausschuss darüber entschieden, welche Empfehlung sie allen Abgeordneten im Bundestag aussprechen. Beispielsweise können sie eine Empfehlung aussprechen, einem Gesetzesentwurf zuzustimmen, ihn abzulehnen oder dem vom Ausschuss bearbeiteten Gesetzesentwurf zuzustimmen.

Der Föderalismus

Die Bundesrepublik Deutschland ist ein Föderalstaat. Vereinfacht bedeutet dies, dass die 16 Bundesländer in Deutschland einen Bundesstaat bilden, in dem die Länder in bestimmten Politikbereichen eigene Entscheidungen treffen dürfen. Deutschland ist politisch in drei Ebenen gegliedert: in die Bundesebene, die Landesebene und die kommunale Ebene.

DIE BUNDESEBENE

Die Bundesebene stellt in Deutschland die höchste Ebene dar, denn von ihr aus werden Bundesgesetze verabschiedet, die im ganzen Bundesgebiet ihre Gültigkeit besitzen. Das oberste Verwaltungsorgan auf Bundesebene ist die Bundesregierung, gefolgt von den Bundesministerien und dem Bundespräsidialamt. Zur Erinnerung: Die Bundesrepublik Deutschland ist in drei Gewalten geteilt, in die Judikative, die Exekutive und die Legislative. Dies wird als die horizontale Gewaltenteilung bezeichnet. Die Gliederung in die verschiedenen Ebenen nennt man die vertikale Gewaltenteilung.

Betrachtet man die horizontale und die vertikale Gewaltenteilung gemeinsam, kann man erkennen, dass die Exekutive, die Legislative und die Judikative auf Bundes- und Länderebene existieren. Auf der Bundesebene haben die getroffenen Entscheidungen das größte Gewicht. Für ein besseres Verständnis soll hier ein Beispiel dienen: Möchte man eine Klage vor Gericht einreichen, geschieht dies in der Regel vor einem Amtsgericht. Ist man mit dem Urteil des Amtsgerichts nicht einverstanden, legt man Berufung ein und man zieht vor ein Landesgericht, also auf Landesebene. Ist man mit dem Ausgang dieses Prozesses nicht einverstanden, bestünde die Möglichkeit, sich bis zum höchsten Gericht, dem Bundesgerichtshof, hochzuklagen, welches die höchste richterliche Instanz in Deutschland darstellt. So können Bundesgesetze auch nicht von einem Landesgericht oder Amtsgericht geprüft werden und müssen von einem Bundesgericht geprüft werden.

DIE LANDESEBENE

Obwohl die grundlegenden Gesetzgebungskompetenzen beim Bund liegen, werden den Ländern erhebliche Spielräume in der Ausgestaltung der Gesetze zugestanden. Dies bedeutet, dass sie nach gewissen Vorgaben zu handeln haben, aber auch gewisse Freiräume haben, wie sie ihre Gesetze umsetzen. Besonders hervorzuheben ist z. B. das Schulwesen, denn dort können die Länder sehr frei entscheiden.

So haben verschiedene Bundesländer zu unterschiedlichen Zeiten Ferien und es werden in den Bundesländern verschiedene Bildungsschwerpunkte gesetzt. Ebenfalls hervorzuheben ist das Strafrecht, denn in den Bundesländern herrschen verschiedene Landesgesetze und so kann eine Straftat in Nordrhein-

Westfalen anders bewertet werden als in Bayern. Die Länder besitzen auch ein eigenes Parlament, den Landtag, in dem die Landesgesetze beschlossen werden. In der Regel wird der Landtag alle fünf Jahre gewählt, eine Ausnahme bildet der Stadtstaat Bremen, in dem alle vier Jahre neu gewählt wird. Durch die Wahl des Landtages können sich dort nicht nur neue Konstellationen bilden, es kann sich auch eine neue Landesregierung bilden.

Das Oberhaupt der Landesregierung ist in den meisten Bundesländern der Ministerpräsident, jedoch existieren in Deutschland auch Bundesländer, in denen das Landesoberhaupt einen anderen Namen trägt. Bremen, Hamburg und Berlin zählen zu den sogenannten Stadtstaaten, d. h. sie sind eine Stadt und ein Bundesland zugleich. Die anderen 13 Bundesländer werden als Flächenstaaten bezeichnet, denn sie umfassen mehrere Gemeinden. In Berlin ist der Regierungschef der regierende Bürgermeister und in Hamburg und Bremen sind es die Präsidenten des Senats. Dies resultiert aus der Tatsache, dass die Minister in den Stadtstaaten als Senatoren bezeichnet werden. Auch bei der Wahl einer Landesregierung schließen sich die Parteien zu Koalitionen zusammen, um eine absolute Mehrheit im Landtag zu erreichen.

Ein sehr aktuelles Beispiel für die abweichenden Gesetze innerhalb der einzelnen Bundesländer sind die verschiedenen Entscheidungen im Zuge der Corona-Pandemie. Einige Bundesländer können im Rahmen des Infektionsschutzgesetzes flexibler handeln und andere Maßnahmen ergreifen als andere. So können in manchen Bundesländern Geschäfte geöffnet haben, wohingegen sie in anderen Bundesländern geschlossen bleiben müssen.

Eine Besonderheit bezüglich der Landesgesetze ist der Gegenstand der konkurrierenden Gesetzgebung. Vereinfacht bedeutet dies, dass sowohl die Bundesländer als auch der Bund über Gesetzgebungskompetenzen, also Rechte auf demselben Rechtsgebiet, verfügen. In einem Härtefall besteht die Möglichkeit, dass die Akteure auf Bundesebene von ihrem Recht Gebrauch machen können, in die beschlossenen Landesgesetze einzugreifen und die Länder in diesem Kontext keine Gesetze mehr erlassen können. Aktuell steht dies insbesondere in der Politik zur Bekämpfung der Corona-Pandemie im Raum, im Zuge dessen die Bundesregierung, speziell die Bundeskanzlerin, bundeseinheitliche Gesetze erlassen möchte. In diesem Fall treten die von der Landesregierung beschlossenen Gesetze vorerst außer Kraft.

DIE KOMMUNALE EBENE

„Gemeinde ist die wörtliche Übersetzung von Kommune und betont das Gemeinsame und Gemeinschaftliche. Und genau das kennzeichnete die Dörfer und Städte in Deutschland vor der Industrialisierung: Sie waren politische Gemeinschaften, die sich bemühten, möglichst große Unabhängigkeit von Adel und König zu erhalten, ohne deren Schutz zu verlieren" (Frank & Vandamme 2017). Die kommunale Ebene wird von Experten als die Ebene bezeichnet, in der Politik konkret umgesetzt wird. So werden auf kommunaler Ebene in der Regel zwar keine Gesetze erlassen, jedoch werden sie sowohl für den Bürger oder die Bürgerin als auch für die Behörden spürbar. Den Kommunen wird das Recht der kommunalen Selbstverwaltung zugesprochen, das kommunale Selbstverwaltungsrecht oder auch Subsidiaritätsprinzip genannt. Dies bedeutet, dass sie im Rahmen der Gesetze ihre Angelegenheiten frei und selbstständig regeln dürfen.

Bei den Aufgaben einer Kommune wird zwischen staatlichen Auftragsangelegenheiten wie z. B. der Organisation von Wahlen und zwischen den sogenannten freiwilligen Selbstverwaltungsaufgaben unterschieden. Beispiele hierfür wären kulturelle und integrative Angelegenheiten, wie die Errichtung und Unterhaltung von Theatern, Sportanlagen und Jugendzentren. Die bereits angesprochenen Stadtstaaten Berlin, Hamburg und Bremen sind sowohl Kommune als auch Bundesland, daher ist der regierende Bürgermeister dem Ministerpräsidenten gleichgestellt, welchem, wie bereits beschrieben, das höchste Amt des Landes zugesprochen wird. Somit sind sie auch Mitglieder des Bundesrates und nehmen an den Ministerkonferenzen teil.

Einige Beispiele können hier zur Verdeutlichung beitragen, wie wichtig die Arbeit der Kommunen ist, welche von einem nicht unerheblichen Anteil an Personen als unwichtiger bezeichnet wird als die auf Bundes- oder Länderebene. Die Funktion der Kommune kann man sehr gut am Politikbereich Integrationspolitik veranschaulichen. Reist eine geflüchtete Person aus einem Drittstaat, d. h. einem Staat, der nicht zur EU gehört, nach Deutschland und möchte auch in Deutschland bleiben, muss die Person einen Asylantrag stellen. Dieser entscheidet, ob die Person in Deutschland bleiben darf oder nicht. Die Behörde, in welcher dieser Antrag gestellt werden muss, ist auf Bundesebene, das Bundesamt für Migration und Flüchtlinge, kurz BAMF. Die Bearbeitung findet allerdings nicht in der Zentrale statt, sondern auf einer der 40 Außenstellen auf Landesebene. Wird dem Antrag zugestimmt und die Asyl suchende Person darf bleiben, wird während dieses Verfahrens festgelegt, welche Leistungen die Person erhält und wo sie z. B. untergebracht wird. Leistungen sind neben Geld, einer Wohnung oder einer Versicherung auch Bildungsangebote. So werden Bildungsangebote wie Integrationskurse oder Sprachkurse in den Kommunen vor Ort umgesetzt und angeboten.

Ein weiteres Beispiel, dass die Bedeutung der Kommunen veranschaulicht, ist die Parteiarbeit und die Regierungsarbeit in den Gemeinden. Auf der kommunalen Ebene haben Parteimitglieder, die nicht auf der Bundesebene oder Landesebene agieren, die Möglichkeit, ihre Interessen zu artikulieren. Darüber hinaus haben auch jene Bürger, die keiner Partei angehören, durch Bürgerversammlungen, Gemeindeversammlungen und anderen Initiativen die Möglichkeit, direkt an die regierenden Politiker heranzutreten und ihnen ihre Bedürfnisse und Sorgen mitzuteilen.

Mit dem Subsidiaritätsprinzip gehen sechs elementare Rechte einher: a) die Finanzhoheit, b) die Planungshoheit, c) die Satzungshoheit, d) die Personalhoheit, e) die Organisationshoheit und f) die Gebietshoheit.

a) Die Finanzhoheit: Die Kommunen dürfen eigenständig über ihr Budget verfügen.

b) Die Planungshoheit: Kommunen dürfen unabhängig planen und bauen.

c) Die Satzungshoheit: Kommunen dürfen über Satzungen, d. h. Bestimmungen, wie z. B. die Höhe von Bußgeldern, entscheiden.

d) Die Personalhoheit: Kommunen fungieren als Arbeitgeber und dürfen ihre Mitarbeiter selbst einstellen.

e) Die Organisationshoheit: Kommunen dürfen eigenständig über die Organisation von Aufgaben der Ämter und der Gründung von Unternehmen entscheiden.

f) Die Gebietshoheit: Auf eigenem Territorium sind Kommunen dazu berechtigt, ihre Aufgaben uneingeschränkt erfüllen zu können.

Parteien

Parteien sind ein elementarer Bestandteil einer jeden parlamentarischen Staatsform und die Regierungsmitglieder eines Staates gehören in der Regel einer Partei an. Parteien sind allgegenwärtig und jeder weiß, dass es sie gibt und dass sie notwendig sind. Doch wie lässt sich eine Partei definieren und welche Merkmale machen sie zu einer Partei? Kurzum: Was ist eine Partei? Folglich werden einige grundlegende Aspekte erläutert, die zur Klärung dieser Frage dienen.

In einer ersten Annäherung zur Klärung dieser Frage, sollte man darüber nachdenken, wie eine deutsche Partei aufgebaut und strukturiert ist. In diesem

Fall ist es von Nutzen, diese Frage im Kontext des deutschen Parteiengesetzes zu untersuchen, welches im Grundgesetz unserer Verfassung verankert ist. „Das Parteiengesetz schreibt eine Grundstruktur vor; entlang sich die Binnenorganisation aller Parteien zu orientieren hat" (Marschall 2018: 112). Zunächst sind deutsche Parteien nach einem regionalen Prinzip strukturiert und basieren auf einer vertikalen Willensbildungskette. Vereinfacht bedeutet dies, dass sie nach einer Reihenfolge von unten nach oben gegliedert sind. Da die Bundesrepublik Deutschland ein Föderalstaat ist, orientiert sich auch das deutsche Parteiensystem an ihm.

Deutsche Parteien lassen sich in vier Ebenen gliedern: in kommunaler oder lokaler Ebene, Kreisebene, Landesebene und Bundesebene. In größeren Parteien fungieren die Bezirksverbände als Bindeglied zwischen Orts- und Landesverbänden. Auf den beschriebenen Ebenen walten die vier Organe: das Parteigericht, der Parteitag, der Vorstand und der Allgemeine Parteiausschuss. Die Entscheidungsgremien einer Partei sind die Parteitage, welche auf allen Ebenen stattfinden (vgl. BpB 2016). Kurzum: Die wichtigsten Entscheidungen werden auf den Parteitagen getroffen.

Die Mitglieder einer Partei sind rechtlich einander gleichgestellt und ihnen kann die Mitgliedschaft nicht ohne Weiteres entzogen werden. Der Ausschluss eines Mitgliedes kann nur durch ein Parteiengericht erfolgen und dies ist erfahrungsgemäß ein sehr langwieriger und komplizierter Prozess. Zugegeben, der Aufbau einer deutschen Partei ist sehr kompliziert, doch wie kann eine Partei bestehen? Wie funktioniert sie und welche Aufgaben werden ihr zuteil? Parteien profitieren vor allem auf der lokalen Ebene von Personen, die ehrenamtlich für sie arbeiten, d. h. sie tun dies aus freien Stücken. Deutsche Parteien finanzieren sich durch Spenden, Mitgliedsbeiträge und staatliche Zuschüsse, die sich an den gewonnenen Zweitstimmen einer Partei messen. Des Weiteren werden ihr die Aufgaben zur Rekrutierung und Ausbildung von Personal und Aufstellung von Kandidaten bei Wahlen zur Besetzung politischer Ämter zuteil.

Die Hauptaufgaben einer politischen Partei liegen im Kern darin, die Interessen und Meinungen ihrer Wähler in den Parlamenten, also den Bundestagen und Landtagen, zu vertreten. Außerdem sind sie das Bindeglied zwischen Bürgern und Abgeordneten, indem sie die Interessen der Bürger erläutern, andersherum die Entscheidungen und Beschlüsse von staatlicher Seite den Bürgern erklären. Außerdem sollte jede Partei ein Parteiprogramm besitzen, mit dem sie an einer Bundestags-, Landtags- oder Kommunalwahl antritt. In diesem Programm stellt die Partei ihre Inhalte vor, wie sie den Staat, ein Bundesland oder eine Kommune gestalten möchte.

DAS DEUTSCHE PARTEIENSYSTEM

In dem politischen System der Bundesrepublik Deutschland steht eine Vielzahl von Parteien sowohl in einem ständigen Wettbewerb als auch in wechselseitigen Beziehungen (Interdependenz) zueinander. Dies bedeutet, dass sie um den Einfluss auf die politische Gestaltung des Landes konkurrieren und gleichzeitig aufeinander angewiesen sind, z. B. bei der Regierungsbildung.

Eine zentrale Funktion des Parteiensystems, insbesondere dem Parteienwettbewerb, ist in demokratischen Systemen die Stabilität und den Fortbestand (Persistenz) des politischen Systems zu garantieren. In erster Linie sollen diese durch den politischen Wandel gestützt werden. Für den einen oder anderen mag dies merkwürdig klingen, jedoch muss sich die Politik seiner sozialen und natürlichen Umwelt anpassen sowie an die damit einhergehenden wechselnden Bedürfnisse der Menschen.

Das Parteiensystem wird wiederum zum Teil des intermediären Systems gezählt. Das intermediäre System in der Interessenvermittlung dient dazu, relevante Strukturen politischer Kommunikation auszumachen. Es vermittelt zum einen zwischen der Lebenswelt der Bürgerinnen und Bürger und zum anderen zwischen den politischen Entscheidungsträgern. Um es etwas einfacher zu formulieren, beschreibt es, wie Interessen von Bürgern und Politik gegenseitig vermittelt werden. Da der Alltag eines Politikers sich in der Regel hauptsächlich in Parlamenten oder Ausschüssen abspielt und sich selten mit dem der „normalen Bürger" überschneidet, bedarf es bei dem Austausch von Interessen bestimmter Vermittler. Diese können Parteien, Verbände, Gewerkschaften, Vereine, Organisationen, soziale Bewegungen, Bürgerinitiativen und – nicht zu vergessen – die Medien sein. Ihre Bedeutung wird im Verlaufe des Buches ebenfalls ausführlich erläutert.

Parteiensysteme werden grundsätzlich nach der Anzahl der Parteien genannt, die im Parlament vertreten sind. So existieren Einparteiensysteme, in welchen nur eine Partei den Anspruch zu regieren erhebt,

Zweiparteiensysteme sowie Mehr- oder Vielparteiensysteme. Nach der Gründung der Bundesrepublik Deutschland nach dem Zweiten Weltkrieg war das deutsche Parteiensystem längst nicht so vielfältig, wie es heute der Fall ist. In der jüngeren Geschichte Deutschlands sprach man von einem Zweieinhalb-Parteiensystem, da mit der CDU und SPD lediglich zwei große Parteien einen Regierungsanspruch stellten und die FDP einen marginalen Anteil im Parlament ausmachte. Dies änderte sich mit dem Aufkommen der 68er-Bewegung und der Grünen-Bewegung, aus der Anfang der 1980er-Jahre die Partei Die Grünen entstand.

Aktuell sind im Deutschen Bundestag sechs Parteien vertreten, von denen nicht alle grundsätzlich verschieden sind, jedoch in Teilen. Auch die Mehrheitsverhältnisse haben sich über die Zeit drastisch verschoben. So haben die großen Parteien CDU und SPD über die Zeit sehr viele Stimmen eingebüßt und die vermeintlich kleineren Parteien Stimmen hinzugewonnen. Dieser Trend setzt sich zunehmend fort. Mit der AFD ist 2017 jüngst eine neue Partei in den Bundestag eingezogen und war in vielen Landesparlamenten noch früher vertreten. Da einige Parteien doch unterschiedliche Interessen und Positionen vertreten, kann man in Deutschland von einem Vielparteiensystem sprechen.

FRAKTIONEN

Für die Vertretung ihrer Interessen ist es für die Abgeordneten von zentraler Bedeutung, Gruppen zu bilden oder sich einer Gruppe anzuschließen, um sich Gehör verschaffen zu können. Erreicht diese Gruppe einen Anteil von fünf Prozent des Parlamentes, wird diese Gruppe als Fraktion bezeichnet. Nicht nur aus diesem Grund ist eine Fraktion nicht gleichzusetzen mit einer Partei, obwohl die Mitglieder einer Fraktion in der Regel derselben Partei angehören. Gehören die Mitglieder einer Fraktion nicht derselben Partei an, sind es in der Regel Mitglieder einer Partei, die nicht im Wettbewerb zueinanderstehen.

Ein Beispiel ist eine Fraktion aus der CDU und der CSU, da die CSU nur in Bayern zur Wahl steht und die Interessen der beiden Parteien nicht miteinander konkurrieren. Fraktionen besitzen elementar wichtige Funktionen im Bundestag. Sie können der Bundesregierung Gesetzesentwürfe vorlegen und auch Anträge auf die Vorlage oder Änderung eines Gesetzes einreichen. Außerdem können sie die Regierung auffordern, ihre Fragen zu beantworten und sich zu bestimmten Inhalten zu erklären. Darüber hinaus haben sie durch die Aktuelle Stunde die Möglichkeit, von ihr als wichtig erachtete Themen auf den Plan einer Bundestagssitzung zu rufen, welche anschließend im Plenum diskutiert werden. Daher ist es für Fraktionen von großer Bedeutung, wöchentlich zusammenzukommen und neue Themen und Strategien zu entwickeln.

Eine weitere wichtige Funktion besteht in der Tatsache, dass Fraktionen einen Antrag zu einer namentlichen Abstimmung einreichen können, in der sie nachverfolgen können, wie welcher Abgeordnete zu einem Thema abgestimmt hat. Je größer eine Fraktion ist, desto mehr Einfluss hat sie im Bundestag.

Es besteht zwar keine Pflicht für Abgeordnete, einer Fraktion anzugehören, so können sie auch fraktionslos sein, jedoch bringt die Mitgliedschaft in einer Fraktion eine Vielzahl von Vorteilen mit sich. Sie erleichtert sowohl die Arbeit im Parlament, da man durch gemeinsame Artikulation der Interessen viel Zeit sparen kann, als auch die Arbeit für die Abgeordneten selbst. Ein Abgeordneter einer Fraktion besitzt eine Vielzahl wichtiger Rechte, die ein fraktionsloser Abgeordneter nicht besitzt. So haben sie weniger Möglichkeiten, Fragen an die Bundesregierung zu richten, ihnen ist es lediglich erlaubt, eine Sorte von Anträgen zu stellen. Außerdem ist ihre Rolle in den Ausschüssen auf eine beratende Funktion begrenzt und auch ihre Redezeit im Bundestag ist kürzer als die eines Fraktionsmitgliedes.

Wahlen

Nachdem nun der deutsche Föderalismus und die wichtigsten politischen Akteure umfassend beschrieben worden sind, lohnt es sich, sich einen Überblick über das deutsche Wahlsystem zu verschaffen. Dieses richtet sich grundsätzlich nach dem Föderalismus. Bis jetzt wurde zwar beschrieben, dass auf allen drei Ebenen gewählt wird, jedoch ist es ebenso wichtig zu wissen, wie die Wahlen funktionieren. Außerdem besteht neben den bisher angesprochenen Wahlmöglichkeiten eine weitere Möglichkeit zu wählen. Diese Wahlmöglichkeit ist die Europawahl.

Die Bundesrepublik Deutschland ist ein Mitglied der Europäischen Union (EU).

Aus diesem Grund besteht in Deutschland die Möglichkeit, bei der Europawahl abzustimmen. Die Europawahl ist kein Teil des föderalistischen Mehrebenensystems in Deutschland, jedoch mindestens so wichtig wie die anderen Wahlen. Für alle vier Wahlen sind folgende Kriterien erforderlich: Die Wahlen müssen frei, allgemein, geheim und direkt sein. *Frei* bedeutet, dass jeder Wähler und jede Wählerin frei entscheiden kann, welche Person oder welche Partei er oder sie wählen darf.

Allgemein meint, dass jede Person, welche die Grundvoraussetzungen, wie Staatsangehörigkeit, das Mindestalter und einen dauerhaften Wohnsitz, erfüllt, ein Recht hat zu wählen. Jeder Wähler und jede Wählerin haben das Recht auf eine *geheime* Wahl, was bedeutet, dass niemand das Recht hat zu wissen, für wen er oder sie sich entschieden hat. Mit *direkt* ist gemeint, dass die Stimmen für eine Partei unmittelbar an sie gehen und ihre Kandidaten somit gewählt sind. Personen, die den Wahltermin aus einem Grund nicht wahrnehmen können, haben darüber hinaus die Möglichkeit, per Briefwahl abzustimmen.

E U R O P A W A H L

Vor der Erklärung des Wahlvorgangs und der entsprechenden Akteure ist es hilfreich, sich einige Grundkenntnisse der EU anzueignen. Seit der Gründung der Europäischen Union traten ihr stetig mehr Länder bei und nach aktuellem Stand umfasst sie 27 Mitgliedsstaaten. Ihr gehören einige größere Staaten wie Italien, Frankreich und Spanien an, jedoch auch kleinere Staaten, die erst später hinzugekommen sind. Darunter zählen einige osteuropäische Staaten wie Bulgarien oder Rumänien. Ein großes Mitglied, dass die EU jüngst verlassen hat, ist Großbritannien. Zu Großbritannien zählen England, Schottland, Nordirland und Wales, welche durch ein Referendum (Volksabstimmung) die EU verlassen haben. Dieser Austritt wurde auch als Brexit betitelt und wurde sehr umfassend und intensiv diskutiert.

Ein Merkmal der EU ist die gemeinsame Währung der Länder, in denen überwiegend mit dem Euro bezahlt wird, jedoch längst nicht in allen EU-Mitgliedsstaaten. EU-Bürger besitzen das Privileg der EU-Freizügigkeit, welches den jeweiligen Personen erlaubt, innerhalb der Europäischen Union frei zu reisen und sich frei bewegen zu können. Außerdem gewähren die EU-

Mitgliedschaften den einzelnen Staaten die Möglichkeit, freien Warenverkehr betreiben zu können. Dies bedeutet, dass auf die Einfuhr von Waren aus einem Land in das andere Land keine Zölle (Steuern, die mit der Einfuhr von Waren anfallen) angerechnet werden. Dies erleichtert den Warenverkehr, den Handel zwischen Staaten und hat positive Auswirkungen auf das wirtschaftliche Wachstum innerhalb der EU. Ein weiteres großes Privileg besteht in dem Recht für Unionsbürger, überall in der EU einer bezahlten Beschäftigung nachzugehen und somit Geld zu verdienen.

Neben den Privilegien, die die EU bietet, bestehen natürlich auch Pflichten für die einzelnen Mitgliedstaaten. Ganz abzusehen davon, existieren gewisse Anforderungen für Anwärterstaaten, die diese zu erfüllen haben, um überhaupt Mitglied zu werden, denn die EU ist nicht nur eine politische und wirtschaftliche Gemeinschaft; sie ist auch eine Wertegemeinschaft, was bedeutet, dass die Mitgliedstaaten gewisse moralische Prinzipien und Werte z. B. die Wahrung von und Achtung vor Menschenrechten garantieren müssen. Im Jahre 2012 wurde die EU mit dem Friedensnobelpreis ausgezeichnet.

Die EU ist ein sehr komplexes Gefüge und die Informationen, die bis zu diesem Punkt vermittelt wurden, sind nur einige grundlegende Informationen. Das politische System der EU ist in den Grundzügen dem System einigen föderalen und demokratischen Staaten ähnlich, obwohl es auch einige Unterschiede aufweist. So besteht sie aus sieben Organen: dem Europäischen Parlament, dem Europäischen Rat, dem Rat der Europäischen Union, welcher auch als Ministerrat bezeichnet wird, der Europäische Kommission, dem Gerichtshof der Europäischen Union, der Europäischen Zentralbank sowie dem Europäischen Rechnungshof. Einige der genannten Organe der EU sind Teil der drei Gewalten Legislative, Exekutive und Judikative.

Die Legislative, also die Gesetzgebung, liegt wie in Deutschland beim Parlament, dem Europäischen Parlament. Dieses wird seit 1979 direkt von der Bevölkerung der EU-Mitgliedstaaten gewählt und repräsentiert somit den Willen der EU-Bürger. Seit 1979 wird alle fünf Jahre in den Mitgliedstaaten der EU ein neues Parlament gewählt, zuletzt im Jahre 2019. Die Sitze im Parlament richten sich verhältnismäßig nach dem Anteil der Stimmen, vereinfacht bedeutet dies: je mehr Stimmen, desto mehr Sitze im Parlament. Diese Form der Wahl wird als Verhältniswahlrecht bezeichnet, welches sich vom Mehrheitswahlrecht unterscheidet.

Letzteres besagt, dass die Sitze im Parlament nicht verhältnismäßig nach dem Stimmenanteil der Parteien verteilt werden, sondern es steht nur ein Kandidat oder eine Kandidatin pro Partei zur Wahl und die Person mit den meisten Stimmen erhält den Sitz bzw. das Mandat.

Bei der Europawahl besteht die Möglichkeit, eine Partei aus den Parteien zu wählen, die auf dem Stimmzettel aufgeführt sind. Es ist nicht möglich, in einem nationalen Parlament, wie dem Bundestag, zu sitzen und gleichzeitig im EU-Parlament. Daher müsste ein Abgeordneter im Bundestag sein Mandat aufgeben, um Mitglied des EU-Parlamentes zu werden. Ein Beispiel ist die Wahl der früheren Verteidigungsministerin Ursula von der Leyen, die bis zu ihrer Wahl als EU-Kommissionspräsidentin noch ein Mandat im Bundestag besaß.

In allen Mitgliedstaaten der EU ist es notwendig, das 18. Lebensjahr vollendet zu haben, ausgenommen in Österreich, indem man bereits mit Vollendung des 16. Lebensjahres an der Wahl teilnehmen darf. Besitzt man eine andere Staatsbürgerschaft als die des Landes, in dem man lebt, kann man sich entscheiden, an der Wahl des Herkunftslandes oder des Wohnortes teilzunehmen. In den einzelnen EU-Staaten finden die

Wahlen an unterschiedlichen Tagen statt. Aus diesem Grund dauert es mehrere Tage, bis ein Ergebnis feststeht. Nach der Wahl entsenden die Nationen ihre Abgeordneten in das EU-Parlament in Straßburg. Die Anzahl der Abgeordneten richtet sich nach der Einwohnerzahl eines Landes, jedoch ist für bevölkerungsarme Länder eine Mindestanzahl vorgesehen, damit diese bei der Entscheidungsfindung nicht übergangen werden. Da Deutschland das bevölkerungsreichste Land ist, stehen ihm mit 96 Abgeordneten die meisten Sitze im Parlament zu. Zum Vergleich: Luxemburg stellt lediglich sechs Abgeordnete, jedoch stellen sie im Verhältnis zur Einwohnerzahl mehr Abgeordnete als Deutschland. Also berechnet sich der Anteil einer Partei im Europäischen Parlament an dem Anteil der erreichten Stimmen im Verhältnis zu den möglichen Sitzen des Landes.

Zur Vereinfachung soll hier ein Beispiel dienen: Erreicht eine Partei 20 Prozent der Stimmen bei der Europawahl in Deutschland, stehen ihr 20 Prozent der 96 Sitze zu. In einigen Ländern existiert eine Sperrklausel, welche vorschreibt, dass eine Partei erst ab einem gewissen Prozentsatz an Stimmen die Möglichkeit hat, in das EU-Parlament einzuziehen. In Deutschland wurde diese Sperrklausel seit 2014 abgeschafft. Im Parlament finden sich Abgeordnete aus verschiedenen Ländern zusammen, welche über ähnliche oder gleiche Interessen verfügen und daraus Fraktionen bilden. Das EU-Parlament wählt den Präsidenten oder die Präsidentin der EU-Kommission, jedoch wird der- oder diejenige durch den Europäischen Rat vorgeschlagen. Allerdings muss der Europäische Rat bei der Nominierung des Kandidaten das Wahlergebnis berücksichtigen.

Der Europäische Rat ist kein Teil des EU-Parlamentes und setzt sich aus den Regierungschefs der 27 Mitgliedstaaten zusammen, allerdings sollen diese nicht die Interessen der einzelnen Länder vertreten, sondern im Interesse der EU handeln. Die deutsche Vertretung im Europäischen Rat ist die Bundeskanzlerin Angela Merkel. Die Funktion der EU-Kommission ist zu vergleichen mit der Bundesregierung in Deutschland, die Gesetze vorschlägt, über die der Rat der Europäischen Union abstimmt. Der Europäische Rat und der Rat der Europäischen Union sind zwei unterschiedliche Organe und haben unterschiedliche Funktionen. Beim Rat der Europäischen Union kommen die Minister für die jeweiligen Politikfelder zusammen, z. B. für die Lösung von Umweltproblemen, über die die Umweltminister der jeweiligen Staaten mit ihrer Kompetenz beraten.

BUNDESTAGSWAHL

Da der Aufbau und die Funktion auf Bundesebene bereits im bisherigen Verlauf dieses Buches hinreichend erläutert wurden, widmet sich das folgende Kapitel dem Ablauf der Bundestagswahlen. Auch bei der Bundestagswahl wird nach dem Verhältniswahlrecht gewählt. Während der Wahl ist es erforderlich, mit einer Erststimme und einer Zweitstimme abzustimmen.

Daher füllt der Wähler zwei Stimmzettel aus, auf denen er jeweils eine Partei ankreuzen darf. Kreuzt man mehrere oder gar keine Partei an, wird der Wahlzettel als ungültig erklärt. Mit der Erststimme wird ein Direktkandidat aus dem jeweiligen Wahlbezirk bestimmt und dieser erhält somit ein Mandat im Bundestag.

In Deutschland existieren 299 Wahlkreise, wodurch 299 Abgeordnete direkt in den Bundestag gewählt werden. Jede Partei darf einen Kandidaten für einen Wahlkreis aufstellen, jedoch ist es ebenfalls möglich, einen parteilosen Kandidaten zu wählen. Dadurch können auch Abgeordnete ein Mandat im Bundestag erhalten, die keiner Partei angehören. Durch die Erststimme erhält jede Region in Deutschland die Möglichkeit, im Bundestag vertreten zu sein, daher versuchen die Kandidaten im Wahlkampf insbesondere Themen anzusprechen, die als besonders wichtig für ihre Region erachtet werden.

Als etwas irreführend wird der Umstand betrachtet, dass die Zweitstimme im Allgemeinen wichtiger erachtet wird als die Erststimme. Mit der Zweitstimme wird über die Mehrheitsverhältnisse im Bundestag entschieden, d. h. sie entscheidet darüber, welche Partei die meisten Sitze im Bundestag erhält. Die Zweitstimme für die Partei besitzt jedoch nur dann ihre Gültigkeit, wenn die Partei die bereits angesprochenen 5 Prozent erreicht oder mindestens drei Wahlkreise für sich entschieden hat. So wird mit der Zweistimme nicht direkt ein Kandidat gewählt, sondern die Stimme zählt für die Landesliste einer Partei. Auf dieser Liste werden die Kandidaten aufgeführt, die von den Bundesländern in den Bundestag entsendet werden. Die Kandidaten werden von den Parteien im Verhältnis zu den gewonnenen Zweitstimmen in das Parlament entsendet.

Die vorgesehene Anzahl an Sitzen im Bundestag beträgt 598 Sitze, jedoch können durch sogenannte Überhangmandate mehr Abgeordnete in den Bundestag einziehen. Überhangmandate können sowohl durch die Erststimme als auch durch die Zweitstimme entstehen. Sie entstehen, wenn eine Vielzahl von Wählern den Wahlkreiskandidaten einer Partei wählt, sie jedoch mit der Zweitstimme einen anderen Kandidaten wählen. So können Parteien in einem Bundesland mehr Direktmandate erhalten, als ihnen gemäß der Zweitstimme zustehen.

Auch hier soll ein Beispiel zur Vereinfachung dienen: Erhält eine Partei in einem Bundesland anteilig durch die Zweitstimme sechs Sitze und hat vier Direktmandate durch die Erststimme gewonnen, so haben die vier Wahlkreissieger vier dieser sechs Sitze. Die übrigen zwei Sitze kommen den Kandidaten der Landeslisten zu. In diesem Fall gäbe es kein Überhangmandat. Angenommen der Partei stehen gemäß der Zweitstimme auch sechs Sitze in einem anderen Bundesland zu, sie bringt jedoch acht Wahlkreissieger hervor, entstehen zwei Überhangmandate. Also garantiert die gewonnene Erststimme einem Kandidaten einen sicheren Sitz im Bundestag. Nun können sich durch diese Überhangmandate die Mehrheitsverhältnisse im Bundestag, die durch die den Anteil der Zweitstimmen entschieden werden, ändern.

Um zu verhindern, dass Parteien mit weniger Überhangmandaten im Bundestag benachteiligt werden, existieren sogenannte Ausgleichsmandate. Durch diese werden anderen Parteien, welche durch die Überhangmandate der anderen Parteien benachteiligt werden, weitere Sitze im Bundestag zugesprochen, um das eigentliche Mehrheitsverhältnis wiederherzustellen. Die Berechnung der Ausgleichsmandate gestaltet sich jedoch als wesentlich komplizierter als bei den Überhangmandaten und kann so, je nach Bundesland, abweichen. Aus diesem Grund wird die Berechnung hier nicht näher erläutert, es ist allerdings wichtig zu wissen, dass diese Ausgleichsmandate existieren und welche Funktion sie besitzen.

LANDTAGSWAHLEN

Landtagswahlen finden in allen 16 Bundesländern statt und sie entscheiden darüber, welche Parteien in das Landesparlament einziehen. Die Landesparlamente in Hamburg und Bremen heißen Bürgerschaft, während es in Berlin als Abgeordnetenhaus bezeichnet wird. In den übrigen 13 Flächenländern werden die Parlamente Landtag genannt. Ähnlich wie bei der Bundestagswahl werden Bundesländer in Wahlkreise eingeteilt und diese wiederum in Stimmbezirke. So erhält der Wähler eine Benachrichtigung, welchem Stimmbezirk er zugeteilt ist, und so kann er ausschließlich in dem

Wahllokal wählen, welches für diesen Stimmbezirk zuständig ist. Der Wahlvorgang kann sich je nach Bundesland sehr unterschiedlich gestalten und ist somit ebenfalls nicht für jeden leicht nachzuvollziehen.

In den meisten Bundesländern ist es erlaubt, mit Vollendung des 18. Lebensjahres an einer Wahl teilnehmen, in manchen jedoch schon ab 16 Jahren. Eine weitere Besonderheit ist die unterschiedliche Anzahl an Wahlmöglichkeiten, also wie viele Parteien und Kandidaten man wählen darf. So ist es in manchen Bundesländern lediglich möglich, eine Stimme abzugeben und in anderen teilweise bis zu zehn Stimmen. In den meisten Bundesländern ist es ähnlich wie bei der Bundestagswahl, wo mit einer Erststimme und einer Zweitstimme abgestimmt wird. Auch hier wird mit der Erststimme der Kandidat gewählt, der direkt in das Landesparlament einzieht. Mit der Zweitstimme wird über das Mehrheitsverhältnis im Parlament entschieden, also wie viele Sitze der Partei zustehen. Da in einigen Bundesländern eine Sperrklausel existiert, z. B. die Fünfprozenthürde, werben kleinere Parteien erfahrungsgemäß für die Zweitstimme.

Des Weiteren ist es auf Landesebene möglich, Parteien zu wählen, die auf Bundesebene nicht existieren. In der Regel sind dies Parteien, welche ähnliche politische Interessen vertreten, wie jene Parteien, die im Bundestag vertreten sind. Ein gutes Beispiel ist die CSU in Bayern. Sie wird als Schwesterpartei der CDU beschrieben, denn sie kann zwar ausschließlich in Bayern gewählt werden, jedoch bildet sie mit der CDU im Bundestag Fraktionen und vertritt ähnliche politische Interessen wie ihre große Schwesterpartei auf Bundesebene. Auch wenn die CSU, wie bereits erwähnt, nur auf Landesebene gewählt werden kann, hat ihr Spitzenkandidat in der Vergangenheit bereits in Person von Edmund Stoiber für die Bundestagswahl kandidiert.

KOMMUNALWAHLEN

Kommunalwahlen werden auch Gemeinderatswahlen genannt, denn der Gemeinderat trifft elementare und wichtige Entscheidungen über Themen der Gemeinde. Sie können z. B. die öffentliche Verkehrsanbindung betreffen, die materielle Ausstattung von Schulen und anderen öffentlichen Gebäuden oder den Bau von Straßen. Das Besondere an Kommunalwahlen ist, dass man mit Vollendung des 16. Lebensjahres mit einer ausländischen Staatsbürgerschaft wählen darf, sofern diese sich auf die EU bezieht.

Eine weitere Bedingung besteht hier daraus, mindestens drei Monate lang in einer Kommune zu wohnen.

Unter dem Begriff der Kommune versteht man die Anhäufung mehrerer Begriffe, die folglich erklärt werden. Landkreise, Gemeinden, Städte und kreisfreie Städte werden als Kommune bezeichnet und dort finden Kommunalwahlen statt. Ein Landkreis kann mehrere Gemeinden einschließen und eine größere Gemeinde kann auch als Stadt bezeichnet werden. So zählen besonders große Städte wie Köln oder München zu den kreisfreien Städten und in ihnen wird unabhängig von anderen Gemeinden oder Städten gewählt.

In den jeweiligen Kommunen werden die entsprechenden Vertreter*innen gewählt, welche demnach einen anderen Namen tragen können. Vertreter der Gemeinden sind die Gemeindevertreter, während die der kreisfreien Städte als Stadtverordnete und die der Landkreise als Kreistagsabgeordnete bezeichnet werden. Das höchste Amt der jeweiligen Vertreter besitzt der jeweilige Bürgermeister oder die jeweilige Bürgermeisterin oder der Landrat/die Landrätin der Kreistage, welche direkt gewählt werden. Je nach Kommune können Bürgermeister/Bürgermeisterin oder Landrat/Landrätin unterschiedlich lange Amtsperioden haben und ihre Wahl kann anders terminiert sein als die allgemeinen Kommunalwahlen. Für die Bestimmung der kommunalen Vertreter sind mehrere Kandidaten und Kandidatinnen auf verschiedenen Listen notiert, die einer Partei, einer politischen Organisation, einer Wählergruppe angehören oder sich einzeln zur Wahl stellen. Außerdem besteht die Möglichkeit in manchen Kommunen, mehrere Kreuze auf einem Zettel zu setzen oder gar mehrere Stimmen einem Kandidaten zukommen zu lassen. Zur Bürgermeisterwahl können sich ebenfalls Kandidat*innen aus Parteien, politischen Gemeinschaften und Einzelpersonen zur Wahl stellen lassen, allerdings ist hier lediglich eine Ankreuzmöglichkeit gestattet.

THOMAS KAMPEN

Weitere politische Akteure

Politik ist ein sehr weitreichendes und komplexes Thema, zu welchem zahlreiche Akteure Ansprüche stellen und Beiträge leisten. Um dieses vielfältige Themenfeld auch nur ansatzweise verstehen zu können, lohnt es sich, neben den Parteien und Politikern andere Akteure zu betrachten, welche einen Einfluss auf das politische System ausüben. Einige von ihnen werden als Teil des bereits erwähnten intermediären Systems betrachtet und manche vertreten ihre ganz eigenen Interessen.

UNTERNEHMEN UND LOBBYISMUS

Fälschlicherweise wird mit Lobbyismus größtenteils die Einflussnahme von Unternehmen und Unternehmern auf Politiker und die damit verbundenen politischen Entscheidungen assoziiert (verbunden).

Dies geht damit einher, dass es im Laufe der Zeit immer wieder Zahlungen von Unternehmen an Politiker gab, damit diese ihre Interessen formulieren und durchsetzen. Dieser Umstand kann eine Folge von Lobbyismus sein, meint ihn aber nicht. Die Bestechlichkeit durch Geld oder andere Gefallen werden als Korruption bezeichnet, die eines der größten Probleme des politischen Systems darstellt. Die Korruption untergräbt die Glaubwürdigkeit der gewählten Politiker, welche die Interessen der Wähler vertreten sollen, und führt zum Vertrauensverlust.

Natürlich können und sollen auch Unternehmen ihre Interessen artikulieren, weil sie ein wichtiger Faktor für eine funktionierende Gesellschaft sind, jedoch darf dies nicht durch unerlaubte Zahlungen an Politiker geschehen. Der Begriff Lobby bedeutet Interessengruppe und daher meint Lobbyismus die allgemeine Vertretung gewisser Interessengruppen in der Politik.

So ist der Lobbyismus ein wichtiger Bestandteil im politischen System und kann die Demokratie fördern.

GEWERKSCHAFTEN UND ARBEITGEBERVERBÄNDE

Im politischen System vertreten gewisse Zusammenschlüsse sowohl die Interessen von Arbeitnehmern als auch Arbeitgebern. Gewerkschaften vertreten und repräsentieren die Interessen von Arbeitnehmern, also Personen, die in einer abhängigen Beschäftigung arbeiten. So liegt der Ursprung der Gewerkschaften in dem Aufkommen der Arbeiterbewegung, welche zum Ende des 18. Jahrhunderts und zum Anfang des 19. Jahrhunderts entstanden sind. Sie waren eine Reaktion auf die Armut, die niedrigen Löhne und die schlechten Arbeitsbedingungen in dieser Zeit.

Zwar entstanden mit der industriellen Revolution fortlaufend mehr Arbeitsplätze und die Unternehmen wuchsen, jedoch profitierten die Unternehmen hierbei am meisten. Darüber hinaus zogen mit den zahlreichen Gründungen von Unternehmen in den Städten immer mehr Menschen vom Land in die Städte, was zur Folge hatte, dass sehr viele Menschen auf engstem Raum zusammenwohnten.

Resultierend aus dieser Massenarmut (Pauperismus), der schlechten Wohnsituation und dem Ausbruch von Krankheiten, entstand die Arbeiterbewegung, aus der die Gewerkschaften hervorgingen.

Auch wenn sich in Deutschland die Lebensqualität in den angesprochenen Bereichen stark verbessert hat, sind die Gewerkschaften weiterhin aktiv. Sie verhandeln mit den Unternehmen und der Politik über Löhne, Arbeitsbedingungen und andere Leistungen im Sinne der Arbeitnehmer. Durch Tarife und Verträge sind Arbeitnehmer heutzutage zwar geschützter als im 19. Jahrhundert, jedoch ist das Dasein von Gewerkschaften weiterhin erforderlich, um die Interessen der Arbeitnehmer zu wahren. Nun soll hier kein einseitiges Bild von bösen Arbeitgebern und armen Arbeitnehmer gezeichnet werden, denn mit dem Status als Arbeitgeber gehen viele Pflichten und Komplikationen einher. Arbeitgeber müssen schließlich die Löhne bezahlen, sie müssen Steuern zahlen, die ein Arbeitnehmer nicht bezahlen muss, und ihre Existenz hängt vom Einkommen ihres Unternehmens ab.

Aus diesem Grund sind Arbeitgeberverbände ebenso erforderlich wie Gewerkschaften. Arbeitgeberverbände und Gewerkschaften schließen sich in der Regel nach Branchen zusammen, können sich jedoch auch nach Betriebsgröße und geografischer Lage zusammenschließen. So sind Arbeitgeberverbände das Gegenstück zu Gewerkschaften und durch sie können Unternehmen ihre Interessen gegenüber der Politik geltend machen. Ihre Interessen bestehen insbesondere in wirtschaftlichen Freiheiten und Steuererleichterungen.

VERBÄNDE

Die Anliegen der Menschen sind vielfältig und komplex. Manche stehen in Konkurrenz zueinander und manche verfolgen ähnliche oder gar dieselben Interessen. Daher vertreten Verbände ein breites Spektrum an Themen und Interessen. „Verbände bündeln die Interessen der einzelnen Mitglieder zur Erreichung gemeinsamer Ziel- oder Wertvorstellungen.

Sie existieren und agieren in allen Gesellschaftsbereichen. Verband ist nicht gleich Verband. Sozial- und Politikwissenschaft unterscheiden mannigfaltige Erscheinungsweisen der Verbände. Wirtschafts-, Berufs- und Wissenschaftsverbände, Kultur- und Sportverbände, Sozial- und Wohlfahrtsverbände – auch politische Parteien und Gewerkschaften, Kammern und Schutzverbände (GEMA, Güteschutzvereine etc.)

zählen dazu." (Deutsches Forum für Verbände 2018). Hier nicht aufgezählt wurden Naturschutzverbände wie der BUND, welche sehr zahlreich vertreten sind und einen hohen Stellenwert in der Gesellschaft sowie hohe Mitgliederzahlen aufweisen können.

ORGANISATIONEN

Organisationen können regional, national, transnational und international agieren. Grundsätzlich werden sie in Regierungs- und Nichtregierungsorganisationen unterschieden (NGOs). Wie die Namen bereits vermuten lassen, arbeiten NGOs unabhängig von Staaten und ihren Regierungen, auch wenn sie mit staatlichen Institutionen und Parteien zusammenarbeiten können. Sie basieren auf einer Mitgliedschaft und einer Verfassung oder Charta, also auf einem niedergeschriebenen Regelwerk, an dessen Regeln und Normen sich die Mitglieder zu halten haben. Sie können sich sowohl auf spezielle Problemfelder beziehen als auch auf umfassendere Aufgaben.

So ist Greenpeace genauso eine internationale Organisation, wie das Deutsche Rote Kreuz oder Al-Qaida.

Mitglieder von Greenpeace stehen beispielsweise im ständigen Austausch mit den Grünen und organisieren gemeinsame Veranstaltungen und Treffen, daher sind sie in Lage, die Politik in Deutschland entscheidend zu beeinflussen. Ein Beispiel für eine internationale Organisation, die sich mit verschiedenen Problemfeldern befasst, ist die NATO. Sie ist ein Zusammenschluss von europäischen Staaten mit u. a. Deutschland und den USA. Ursprünglich wurde sie aus dem Antrieb gegründet, im Falle eines militärischen Angriffs eine starke Allianz stellen und sich so verteidigen zu können. Doch im Laufe der Jahre hat die NATO ihre Aufgaben auch auf Territorien ausgeweitet, die sich nicht auf dem Gebiet der NATO befinden. Als ihre Hauptaufgabe beschreibt die NATO die Sicherung des internationalen Friedens.

INSTITUTIONEN

Im Gegensatz zu Organisationen können sich die Regeln von Institutionen nicht nur auf ihre Mitglieder beziehen, sondern auch ganze Gesellschaften betreffen. Sie formulieren formelle Regeln, also schriftliche Regeln, an die sich Personen zu halten haben, und informelle Regeln. Informelle Regeln meinen jene Regeln, die nicht niedergeschrieben sind und deren Verstöße auch nicht zwingend sanktioniert, also bestraft, werden. Die Reaktionen auf einen Verstoß gegen diese informellen Regeln können sich darin äußern, dass die betroffenen Personen von gewissen gesellschaftlichen Bereichen ausgeschlossen werden und man mit ihnen keinen Kontakt pflegen möchte.

Die Schule ist eine Institution, die Personen aus verschiedenen gesellschaftlichen Teilbereichen einschließt, z. B. anderen Kulturen, Kinder deren Eltern aus verschiedenen Bildungsschichten kommen und deren Eltern unterschiedlich finanzielle Mittel besitzen. Weitere Beispiele sind die verschiedenen Behörden in Deutschland, die Menschen aus verschiedenen gesellschaftlichen Teilbereichen einbeziehen. Das Finanzamt ist eine Behörde, die fast jeden Menschen in Deutschland betrifft. Sie verteilt jeder Person und jedem Unternehmen eine Steuernummer, kontrolliert die Zahlung von Steuern oder kann diese einfordern. Ein Verstoß gegen die Regeln des Finanzamtes, z. B. der Hinterziehung von Steuern, wird in Deutschland hart bestraft und kann eine Gefängnisstrafe nach sich ziehen.

VEREINE

Vereine sind vom Wechsel ihrer Mitglieder unabhängig und bezeichnen eine freiwillige und auf Dauer angelegte Vereinigung, die ein gemeinsames Ziel und einen gemeinsamen Zweck verfolgen kann. Vereine können z. B. kommerzielle, integrative, sportliche oder umweltpolitische Ziele verfolgen und sind wichtig für den Zusammenhalt in einer Gesellschaft.

Ein Sportverein, z. B. ein Fußballverein, verfolgt natürlich sportliche Ziele, bringt jedoch gleichzeitig viele Menschen unterschiedlicher Kulturen, Bildungsschichten und Einkommensschichten zusammen. Insbesondere in der Integration von Menschen, die sich einer fremden Kultur zugehörig fühlen, tragen Vereine maßgeblich dazu bei, die Barrieren zwischen den verschiedenen Kulturen abzubauen und sie zusammenzuführen.

STIFTUNGEN

Hinter einer Stiftung steht ein Stifter/eine Stifterin, der oder die sich über einen längeren Zeitraum für einen gemeinnützigen Zweck engagiert. „Rund zwei Drittel der Stifter in Deutschland sind Privatpersonen, oft betätigen sich aber auch Organisationen als Stifter" (Bundesverband Deutscher Stiftungen). Sobald die Stifter ihr Vermögen für diese Stiftung spenden, gehört es auch der Stiftung. Ziel der Stiftung sollte es sein, das Vermögen klug und gewinnbringend anzulegen, um mit den erwirtschafteten Gewinnen Projekte zu finanzieren, die einem gemeinnützigen Zweck dienen.

Das angesprochene Vermögen sollte der Grundstein sein, um die Stiftung erhalten zu können, denn Stiftungen sollten für einen langen Zeitraum bzw. für die Ewigkeit bestehen. So tragen auch Stiftungen einen erheblichen Anteil zur Funktionsfähigkeit einer Gesellschaft bei und erleichtern die Arbeit der Politik durch ihre gemeinnützigen Projekte.

SOZIALE BEWEGUNGEN

Soziale Bewegungen entstehen in der Regel aus gesellschaftlichen Problemen heraus und können verschiedene Personen und Gruppen zusammenführen, die diese im Kollektiv beseitigen wollen. So ist es möglich, dass eine soziale Bewegung einen sozialen, politischen und gesellschaftlichen Wandel herbeiführen, ihn beschleunigen oder verhindern möchte.

Eine Besonderheit besteht darin, dass sie Menschen mit unterschiedlichen politischen und ideologischen Einstellungen vereinen können, um sich für oder gegen eine Sache auszusprechen. Ihr können sich Verbände, Organisationen, Vereine oder auch Einzelpersonen anschließen, die ein Ziel oder mehrere gemeinsame Ziele verfolgen, obwohl es auch in einer sozialen Bewegung zu Unstimmigkeiten kommen kann.

Soziale Bewegungen organisieren sich zumeist informell, sie haben also keine formellen Regeln oder Satzungen, auf die sie sich berufen. Um auf sich aufmerksam zu machen und sich Gehör zu verschaffen, organisieren sie Proteste, Demonstrationen, Konzerte oder Petitionen. Die Partei Die Grünen ist aus einer Bewegung der Umweltbewegung entstanden und hat sich, wie bereits erwähnt, im Deutschen Bundestag etabliert.

Auch wenn aus Bewegungen keine Parteien entstehen, unterstützen einige Parteien gewisse soziale Bewegungen oder sind gezwungen, sich mit ihnen auseinanderzusetzen. Beispiele sind die Fridays-for-Future-Bewegung, deren Mitglieder schon öffentlich mit amtierenden Politikern diskutiert haben und von den Grünen unterstützt werden, oder Pegida, die von der AFD unterstützt wurde.

DIE ZIVILGESELLSCHAFT

Für den Fortbestand eines politischen Systems bedarf es einer starken, entschlossenen und demokratischen Zivilgesellschaft. Ohne diese kann es nicht funktionieren und würde früher oder später erheblichen Schaden nehmen. Daher ist Politik auch keine Einbahnstraße, in der Menschen ausschließlich Dinge fordern dürfen, ohne selbst für sie einzustehen.

Was würde es nützen, sich gegen Gewalt auszusprechen, bei einer Gewalttat jedoch nur wegzuschauen oder zuzuschauen, ohne etwas dagegen zu unternehmen? Es bedarf also der Mitwirkung aller gesellschaftlicher Teilsysteme, um ein Land erfolgreich gestalten zu können. Doch was meint nun Zivilgesellschaft genau? Sie bezieht die meisten der aufgeführten Akteure mit ein.

Zur Zivilgesellschaft werden Organisationen, Stiftungen, Vereine, Verbände, soziale Bewegungen und auch das Verhalten der Bürger, die keiner dieser Zusammenkünfte angehören, einbezogen. Vor allem geht es um das gesellschaftliche Miteinander und das soziale Engagement der Bürgerinnen und Bürger. Dazu zählen auch Ehrenämter, also selbstloses soziales Engagement ohne Bezahlung oder eine andere

Gegenleistung. Deutschland verfügt über eine aktive Zivilgesellschaft, in der sich Menschen insbesondere in Sportvereinen und anderen freiwilligen Engagements einbringen, wie z. B. der Freiwilligen Feuerwehr, der freiwillige Rettungsdienst oder der örtlichen Kindertagesstätte.

Auch die Verbände der Kirchen, wie die Caritas oder die Diakonie, stellen Möglichkeiten ehrenamtlicher Beschäftigung zur Verfügung. „Ebenso hat das nicht-organisationsgebundene politische Engagement kontinuierlich zugenommen, ein deutliches Indiz für eine aktive Zivilgesellschaft und starke Demokratie" (Zimmer 2012). Auch die Teilnahme an Demonstrationen und Protesten hat ganz besonders seit 2015 mit der wachsenden Migration geflüchteter Menschen, zunehmend aus Drittstaaten nach Deutschland, zugenommen. Seitdem steigt die Zahl der Proteste, deren Inhalte sich auf verschiedene Themen beziehen.

Herstellung und Verlag:

BoD – Books on Demand, Norderstedt

ISBN: 9783753443294

1. Auflage

Kontakt: Psiana eCom UG/ Berumer Str. 44/ 26844 Jemgum

Covergestaltung: Fenna Larsson

Coverfoto: depositphotos.com